LE
29 SEPTEMB
1879
A DIJON

PRIX : 15 CENTIMES

DIJON

IMPRIMERIE J. MARCHAND, RUE BASSANO, 12.

LE
29 SEPTEMBRE
1879
A DIJON

DIJON
IMPRIMERIE J. MARCHAND, RUE BASSANO, 12

LE
29 SEPTEMBRE
1879
A DIJON

Tout nous faisait pressentir, depuis plusieurs jours, que la manifestation royaliste, à Dijon, serait imposante et solennelle.

Nous ne pouvions cependant imaginer encore les proportions qu'elle prendrait.

Dès neuf heures et demie, l'église Saint-Michel se remplissait d'une foule recueillie, appartenant à toutes les classes de la société. Le département tout entier était largement représenté dans cette légion de fidèles qui venaient prier pour le Roi et demander à Dieu le salut de la France.

M. le Curé de Saint-Michel offrait le saint sacrifice.

On peut évaluer à 600 environ le nombre des assistants. La piété a été édifiante. Des prières dites avec tant de foi, s'élançant avec tant d'ardeur vers l'Eternel, ne peuvent certainement manquer de lui être agréables et doivent assurément être exaucées de lui. Nous avons dans la Providence la plus intime confiance et nous plaçons toutes nos espérances dans l'intercession du Bienheureux Archange, vainqueur de Satan.

Ne désespérons pas des destinées de notre pays. De beaux jours lui sont de nouveau réservés et la chaîne glorieuse du passé pourra facilement être renouée.

Dans la journée devait avoir lieu un banquet. Les adhésions spontanées avaient été tellement nombreuses au commencement de la précédente semaine, qu'à cette époque déjà on commençait à redouter l'insuffisance du local où le repas serait donné. Dans les derniers jours les souscriptions ne cessèrent d'affluer. On fut obligé de clore la liste, se promettant, dans une autre semblable occasion, de prendre les dispositions nécessaires pour qu'on pût ne mécontenter aucun de nos amis. Cent cinquante personnes néanmoins pouvaient, à midi, se trouver réunies pour fêter ensemble l'anniversaire de la naissance du Roi.

Dans cette assistance que les organisateurs du banquet, à leur grand regret, avaient été contraints de réduire, se trouvaient confondus, dans un même entrain, des ouvriers, des cultivateurs, des négociants et de grands propriétaires.

Malgré toute l'envie que nos adversaires auraient d'enterrer le parti royaliste, celui-ci leur prouve qu'il est bien vivant, très-vivant.

Les belles solennités du 29 septembre en sont la preuve convaincante, et nous pouvons affirmer que, si nous nous trouvions cent cinquante aujourd'hui, nous serions facilement demain cinq cents et même plus si une seconde réunion nous rassemblait.

M. le comte Sixte de Saint-Seine, ayant auprès de lui M. le baron d'Herlincourt, M. le comte de Guitaut et M. Léonce de Montille, présidait le banquet.

Pendant toute la durée du repas n'a cessé de régner la plus franche, la plus sincère cordialité. On échangeait avec effusion, ses sentiments, ses aspirations. On se sentait heureux d'être rassemblés. On en arrivait à se demander pourquoi l'on n'avait pas songé plustôt à l'organisation de réunions semblables.

Au dessert, M. le comte Sixte de Saint-Seine, a porté la santé du Roi dans les termes suivants :

Messieurs,

Permettez-moi de commencer, comme tout honnête homme doit faire, par payer mes dettes... Nos dettes, devrais-je dire, — en adressant un témoignage de reconnaissance à tous ceux qui ont bien voulu contribuer à l'organisation de ce banquet, et principalement à quelques hommes aussi persévérants que dévoués, trop modestes pour se laisser nommer, qui peuvent, à bon droit, revendiquer une grande part dans cette œuvre d'union dont votre présence autour de ces tables est la figure et le gage. (*Vif assentiment.*)

Puisse le germe que nous plantons et que nous arrosons ensemble aujourd'hui, porter bientôt tous les fruits que nous avons le droit d'en attendre ! (*Applaudissements.*)

Mais cette pensée, Messieurs, vous sera développée tout à l'heure.

Pour moi, je ne m'attarderai pas en longs détours pour amener sur vos lèvres l'expression des sentiments qui remplissent vos cœus.r

Lorsque ces jours derniers rentrait en France le premier convoi des revenants de Nouméa, de ces hommes auxquels nous ne marchanderions pas la pitié, s'ils voulaient au moins s'avouer coupables, leurs amis s'occupaient à préparer le triomphe qu'ils ont prétendu leur faire. Que crieront-ils sur leur passage ? Nous crierons, disent-ils, Vive la République ! cela dit tout, cela comprend tout! Vive la République! et c'est assez!

Ah! c'est assez! c'est trop! (*Vive sensation*,)

Cela dit tout! cela comprend tout!

Quel aveu, et quelle leçon ! (*Applaudissements*).

L'aveu, certes, ne nous apprend pas grand'chose. Mais de la leçon nous ferons notre profit. Et non moins logiques que nos adversaires, à ces trois mots détestés qui symbolisent toutes nos souffrances passées et présentes et toutes nos craintes pour l'avenir (*Approbations*), nous opposerons de toute notre énergie, en bons Français que nous sommes, ce cri traditionnel qui est dans tous nos cœurs et va s'échapper de toutes les poitrines :

Vive le Roi !

Je bois à la santé du Roi. (*Acclamations enthousiastes.*)

Ce toast, plein de cœur, dit avec une vive émotion, a recueilli, comme on vient de le voir, des applaudissements unanimes. A plusieurs reprises, la voix de l'orateur a été coupée par des bravos répétés, et c'est avec le plus profond enthousiasme que le cri de *Vive le Roi* a été poussé.

M. le vicomte de Mayol de Lupé, rédacteur en chef de l'*Union*, se rendant au vœu de notre digne président, avait bien voulu consentir à honorer notre fête de sa présence et à venir s'asseoir au milieu de nous. Après le toast de M. le comte de Saint-Seine la parole lui a été donnée.

Nous sommes heureux de pouvoir reproduire *in extenso* le discours de notre excellent grand confrère. Une analyse rendrait trop imparfaitement ce magnifique langage, si élevé de pensées, surtout si vrai :

M. de Lupé s'est exprimé en ces termes :

Messieurs,

L'honneur est grand pour moi d'avoir à prendre la parole devant vous, et pourtant, j'ose le dire, si grand que soit l'honneur, plus grande encore est la douce et joyeuse émotion que je ressens.

Les circonstances m'ont permis de me joindre à vous pour fêter cet anniversaire, et je m'en applaudis.

Ce que j'aurais fait à Chambord, à Paris et dans les autres réunions où des amis politiques avaient bien voulu m'appeler, je dois le faire ici, en rapportant d'abord le témoignage de ces bienveillantes sympathies au journal que je représente et aux maîtres vénérés, nobles champions de notre cause, dont l'intrépide fidélité ne m'a laissé d'autre tâche à remplir que celle d'obéir à leurs enseignements et de suivre leurs exemples.

Le président du comité royaliste de la Côte-d'Or, M. le comte Sixte de Saint-

Seine m'a demandé de venir au milieu de vous. J'ai du céder à ses trop flatteuses instances, et j'ai pu, du même coup, céder à mon penchant. Qu'il me permette de lui exprimer ma plus vive gratitude. Il me pardonnera, en s'associant lui-même au sentiment que j'ai le besoin de vous manifester, si, après l'avoir salué au poste qu'il occupe, un triste et douloureux souvenir s'impose à mon esprit. Du chef que vous avez aujourd'hui, ma pensée va naturellement au chef que nous avons perdu. (*Très bien, très bien.*) Vaillant et fidèle, homme de devoir et de dévouement, le comte Liger-Belair, par son intelligence ferme et conciliante, par son activité constante, avait creusé le sillon que son successeur respecté est si digne de continuer. (*Vives marques d'approbations.*) Il aurait trouvé, dans une réunion comme celle où nous sommes, la récompense de ses longs efforts. Dieu lui a refusé cette joie; sa mémoire, du moins, reste vivante parmi nous. Je vois dans vos rangs l'héritier de son nom et de ses œuvres; mais la modestie du fils ne pouvait m'interdire cet hommage dû au père.

Ce sol bourguignon, sur lequel nous sommes réunis, nous est également cher, car il nous parle à tous du foyer domestique. Or, Messieurs, communiquer sa pensée, exprimer ses espérances, à des concitoyens qui s'invitent mutuellement à confondre, à fortifier l'un par l'autre l'amour de la terre natale, de la patrie restreinte, et l'amour de la grande patrie, de la

France, c'est avoir la rare fortune d'éprouver une des plus pénétrantes émotions qui puissent faire battre un cœur d'homme. Mais j'exprimerais mal les sentiments qui remplissent mon âme, si je n'ajoutais que cette réunion m'apparaît comme un signe de réveil et de résistance sur un terrain que nos adversaires semblaient occuper en maîtres. (*Applaudissements.*)

Notre département, messieurs, est une des citadelles où la Révolution s'est établie, où elle pensait n'avoir à redouter ni contradictions, ni luttes. Votre présence ici inflige un démenti à sa téméraire confiance; Et, tandis que, d'un bout de la France à l'autre, des fêtes de famille semblables à la vôtre témoignent d'un mouvement d'opinion qui n'est qu'à son début, mais qui ira grandissant jusqu'à l'heure marquée par Dieu, où, combattants d'aujourd'hui, nous pourrons chanter, avec le pays tout entier, l'hymne de la concorde civile et de la paix sociale, je ne crains pas d'affirmer que la célébration du 29 septembre à Dijon sera, entre toutes les réunions de ce jour, l'une des plus décisives démonstrations de notre vitalité et de nos progrès. (*Vifs applaudissements.*)

Les adversaires que nous combattons ne se sont pas contentés de leurs succès d'aventure, il nous ont provoqués à une lutte ouverte pour la défense des droits les plus sacrés et des plus légitimes intérêts. Ils parlent de deux Frances ennemies, et ils prétendent en détruire une; c'est leur façon d'honorer la patrie et la liberté, la patrie qu'ils veulent mutiler, la liberté qu'ils veulent supprimer. (*Applaudissements*). Nous, nous ne connaissons qu'une France répandant largement sa gloire sur le front de tous ses enfants qu'elle entend protéger dans leur liberté sous la commune loi d'un même respect pour elle. (*Très bien, très bien*). Nous ne connaissons pas deux Frances, dont il faudrait détruire l'une pour assurer le triomphe de l'autre ; nous ne connaissons qu'une France à sauver et des citoyens à reconcilier. (*Applaudissements prolongés*).

Au milieu de cette lutte où il s'agit de sauvegarder l'intégrité du patrimoine national, votre réunion, messieurs, n'est pas seulement la preuve que le département de la Côte-d'Or a voulu mêler sa voix aux protestations qui s'élèvent de toutes parts contre les violences et l'arbitraire de la politique républicaine ; je puis dire, en songeant à la domination incontestée qu'y ont exercée jusqu'ici nos adversaires, je puis dire qu'elle a toute la valeur d'une position conquise. (*C'est vrai, c'est vrai! Très bien.*) Cette conquête, vous l'avez faite légalement, par la seule influence d'une opinion réfléchie et d'un patriotisme justement alarmé ; vous l'avez faite avec un calme égal à votre fermeté, et à quel cri, messieurs ? A ce cri qui retentit à travers les quatorze siècles de notre incomparable histoire et que votre honoré président vous a fait entendre avec toute la noble ardeur de son âme française : au cri de vive le Roi ! (*Unanimes applaudissements.*)

Mais il faut envisager la situation d'un regard viril, en hommes qui ne cherchent pas dans les illusions d'une foi généreuse les motifs de leur constance et dont les convictions reposent sur la raison éclairée par le devoir.

Cette situation, vous la connaissez, vous savez ce qui nous menace. Je ne voudrais, certes, point m'exposer aux reproches de ces personnages satisfaits, qui estiment que la République, ayant l'honneur de solder le budget de leurs convoitises et d'être exploitée par eux, possède toutes les beautés, toutes les grandeurs et toutes les prospérités. (*Rires d'approbation.*) Mais à les entendre, nous chercherions, par un sentiment impie contre la fortune de la patrie, à nous consoler des grandes et utiles choses qu'ils accomplissent, en dénigrant notre pays, en l'offensant par de sombres peintures et des gémissements hypocrites. Hélas! plût à Dieu que nous fussions réduits à ce rôle misérable d'une opposition mesquine! Si nous avions la honte, la France aurait le profit. Mais une seule honte pèse sur nous, c'est celle de voir notre nation livrée comme un champ d'expériences à ces *condottieri* politiques qui nous sont venus de l'Italie, de l'Allemagne, de l'Angleterre, de la Suisse, de toutes les contrées du monde, qui n'ont pas une goutte de sang français, et qui font de la République actuelle, non-seulement un gouvernement de parti, étroit, oppresseur et violent, mais un assemblage d'étrangers de rebut étalant leur médiocrité avec la cynique suffisance d'aventuriers sans patrie. (*Bruyants applaudissements.*) Non, pour faire justice de ces hommes, il n'est pas nécessaire d'évoquer le péril social, il n'est pas nécessaire de montrer l'avenir redoutable vers lequel ils nous poussent; il devrait suffire de les désigner au peuple, pour qu'ils tombassent sous le rire du mépris.

Néanmoins, il leur a été donné de poursuivre leur œuvre néfaste, et vous savez comment le gouvernement, entraîné sur la pente qu'il est obligé de descendre, a déjà parcouru les premières étapes de la route qui mène du camp des modérés au camp des radicaux. Vous avez vu les ministères se succéder, dans une marche régulière et logique, penchant toujours de plus en plus vers la Révolution, dont le principe de révolte et de destruction l'emporte nécessairement sur tous les atermoiements calculés. (*Vives approbations.*) Aujourd'hui, vous pouvez entrevoir ceux qui déjà s'apprêtent à réclamer l'héritage des hypocrites et des roués de la République, en vertu des titres en bonne forme qu'ils rapportent de Nouméa.

Je n'exagère point, en vous indiquant le danger de la crise future (*Non, non*), et je peux prendre à témoins de la triste réalité de ces prévisions des républicains, qui commencent à penser que l'on glisse trop vite sur cette planche savonnée dont parlait avec satisfaction M. Gambetta (*Nombreux rires*), avant, il est vrai, que les plaisirs et les fêtes d'un luxueux palais ne lui eussent fait redouter ses complices d'hier, qui, devenus ses rivaux d'aujourd'hui, seront ses antagonistes de demain. (*Très bien, très bien.*) Il n'est personne, dans le monde politique, qui ignore les projets caressés par certains républicains modérés, dont les combinaisons seraient, dit-on, conformes aux secrets désirs du président lui-même. Ils voudraient enrayer, ils voudraient serrer les freins! Et, pendant que M. Gambetta rêve peut-être à la puissance militaire qu'il se flatte de trouver dans son droit de réquisition directe à la force armée, pour protéger un jour son heureuse fortune contre le trop vif enthousiasme de ses électeurs de Belleville (*Rires et applaudissements*), les modérés se prennent à méditer sur les infortunes du centre gauche et sur la déroute de leurs théories libérales.

Ils rêvent à une revanche, à quelque coup d'éclat. Ils ont des velléités réactionnaires. Et je puis bien dire qu'ils ne s'exposeraient pas ainsi aux colères de leurs amis, si, avec des illusions que nous ne partageons pas, ils ne croyaient, eux aussi, que la République descend rapidement les degrés qui la séparent encore du foyer où se prépare l'explosion radicale. Mais je n'insiste pas, et je vous demande de ne songer au péril que pour le regarder en face et y puiser une plus énergique résolution.

Je résume brièvement toutes les accusations que nous portons contre le régime actuel : la République, c'est la négation de notre histoire, qui nous avait mis au premier rang des nations, c'est le triomphe des basses convoitises, sur tout, ce qui élève l'homme, sur tout ce qui l'ennoblit, sur le respect que la société doit à Dieu, sur la constitution divine de l'autorité qui n'a pu être remplacée que par les fantaisies de la force brutale; c'est, en un mot, la conspiration de l'abaissement! (*Très bien, très bien.*) Ai-je besoin de développer ces pensées? Faut-il vous montrer la République dans ses œuvres qui tendent toutes à faire tomber le noble peuple de France au niveau de ses maîtres de rencontre? Faut-il vous la montrer dans ses entreprises contre notre foi religieuse, contre l'enseignement chrétien, contre l'autorité de la famille, contre le respect des consciences? Faut-il vous parler de son mépris des libertés publiques, de ses outrages au dévouement de ces frères et de ces sœurs qui élèvent les enfants du peuple (*Applaudissements répétés*), à la sainte mission du prêtre, à la fierté du soldat, à l'indépendance du magistrat? (*Nouveaux applaudissements.*)

Non, messieurs, ce serait trop exiger de votre bienveillante attention; ce serait aussi fournir aux docteurs de l'opportunisme l'occasion de répondre une fois de plus à nos patriotiques préoccupations par un de ces fastidieux dithyrambes où ils se plaisent à célébrer leur propre apothéose entre les revendications de la Commune et le dédain des honnêtes gens.

Il me paraît plus expédient et plus utile

de nous entretenir de nos devoirs, de signaler nos fautes, de marquer le but de nos efforts que d'examiner les sottises, les folies ou les crimes de la République.

Si, sur tous les points de la France, il se produit un mouvement dont vous avez ressenti les effets, qui nous pousse à nous voir, à nous réunir, à sortir de l'isolement où nous vivions trop complaisamment, (*C'est vrai, très-bien.*) c'est que, avertis par les souffrances de la patrie, nous avons mis à profit les enseignements d'hier et reconnu les erreurs d'un désintéressement, qui, lorsqu'il s'agit des affaires publiques et de l'existence nationale, devient une abdication, et au jour du péril serait une défection. (*Applaudissements.*)

Nos adversaires ont déjà franchi la limite tracée par cette parole de M. Thiers : « Il n'y a plus une seule faute à commettre », et nous, nous comprenons tous que les hommes d'ordre n'ont plus à commettre une seule défaillance. C'est un premier, c'est un grand pas sur la route du devoir. Mais il nous faut aller au fond des choses et dire hardiment la vérité tout entière à ces hommes qui, demain seront dans nos rangs, mais qui hésitent encore à venir occuper parmi nous la place qui leur appartient. (*Oui, oui !*)

Il serait puéril, messieurs, d'attribuer aux partisans de la République je ne sais quelle mystérieuse puissance qui leur ferait compter leurs victoires par le nombre même de leurs erreurs et de leurs fautes. (*Rires.*) Non, messieurs, les républicains ne doivent pas leurs succès à des contradictions qui les couvrent de ridicule; à des excès qui les rendent odieux, ni même à certaine hypocrisie qui leur a permis de faire de nombreuses dupes; ce sont bien là, je crois, tous les éléments de leur politique et je ne leur connais pas d'autres ressources. (*Sourires et approbations.*) Ils doivent la plupart de leurs conquêtes aux conservateurs eux-mêmes, à leur inaction, à leur timidité, à leur effacement qui, suivant les circonstances, prend parfois les beaux noms de prudence et de modération; (*C'est vrai, c'est vrai.*) voilà ce qu'il faut avoir le courage d'avouer et ici, messieurs, je voudrais me faire entendre de tous ces conservateurs qui, par crainte des responsabilités, prennent de toutes la plus lourde, celle de se taire, en face la patrie menacée. (*Vifs applaudissements.*)

On a beaucoup écrit, beaucoup discuté sur le mot de conservateur; on ne lui a épargné aucune moquerie, on ne lui a refusé aucune louange; on l'a souvent avili, toujours on l'a faussement appliqué aux systèmes les plus disparates et les plus opposés. Eh bien! ce mot, je le revendique, car il est l'expression la plus simple et la plus vraie des sentiments qui nous animent, qui gardent et protégent la vie du foyer domestique comme la vie du foyer national.

Conserver, dans angage de la philosophie politiqu c'est ecter ses pères et songer à ses enfants, c'est la fonction maîtresse du citoyen, qui, dans un glorieux pays comme la France, est doublement responsable devant le passé dont il hérite et devant l'avenir qu'il prépare. (*Applaudissements.*)

Mais si je revendique ce mot de conservateur, n'est-ce pas vous dire que j'entends lui rendre son sens vrai, le rétablir dans sa dignité, et ne plus en faire une étiquette trompeuse servant à désigner les hommes qui, par ignorance, égoïsme ou pusillanimité, livrent toutes choses au cours des événements, et parleraient encore de conservation, alors que, par leurs abandons successifs, ils n'auraient plus rien à conserver. (*Vive approbation.*)

Pour le citoyen, messieurs, conserver, c'est veiller sur un héritage, c'est garder un patrimoine, mais non pas comme un avare garde son trésor; c'est défendre ce qui a été acquis pour le léguer après l'avoir accru. Le vrai conservateur est l'homme de la Tradition qui se déroule et s'élargit incessamment sous le souffle de chaque génération.

La Tradition, Messieurs ! Ah ! ne croyez pas que ce soit la religion morte d'un passé mort aussi, ne croyez pas que ce soit la religion de l'immobilité, une sorte de fétichisme d'antiquaire. Non, non ! C'est le culte de la patrie constamment honorée dans les manifestations successives de sa fécondité, c'est le lien qui rattache les efforts du présent aux expériences du passé comme aux travaux de l'avenir, c'est la règle de tout progrès ordonné, c'est la pensée nationale qui se développe dans le temps et y manifeste sa puissante unité. La Tradition, c'est la force qui seule peut être opposée à la Révolution, parce que son principe est seul directement contraire à la doctrine révolutionnaire. La Révolution prétend au droit permanent de briser, de détruire, de renverser, de faire table rase ; la Tradition renoue, conserve et affermit pour tracer une voie sûre aux initiatives nouvelles qui doivent lui apporter de nouvelles richesses. (*Applaudissements répétés.*)

Maintenant, Messieurs, la définition de conservateur ne vous paraît-elle pas simplifiée ? Et son devoir n'est-il pas clairement indiqué ? Si le conservateur digne de ce nom ne peut se séparer de la Tradition, la logique, le bon sens et l'histoire lui imposent un nom, le nom de royaliste. Le peuple ne s'y trompe pas ; dans son vigoureux langage, il ne connaît que des *blancs* et des *rouges*, les hommes de la Tradition et les hommes de la Révolution. (*Très bien, très bien.*)

Ici apparaît une des plus graves fautes commises par les conservateurs ; ils reculent fréquemment devant l'honneur qui leur est fait, ils redoutent une désignation trop précise, ils cherchent une équivoque là où le sentiment populaire a mis une éclatante vérité. Ils oublient que quiconque se dit conservateur est tenu de faire connaître l'héritage qu'il veut et qu'il doit conserver pour avoir le droit de l'accroître et de le transmettre. De là vient leur faiblesse, de là viennent leurs échecs. Pour combattre un gouvernement, il ne suffit pas de lui opposer des doctrines, il faut avoir à lui opposer un gouvernement. (*Mouvement.*) Les conservateurs ont des doctrines qui les mettent en lutte avec la Révolution; mais aussi longtemps qu'ils hésiteront à donner à ces doctrines la seule sanction efficace, en affirmant leur politique, en montrant leur gouvernement, ils seront dans un état d'infériorité qui explique toutes leurs défaites devant la Révolution devenue gouvernement.

Dans le domaine de la pensée, dans le domaine doctrinal et social, nous trouvons des oppositions correspondantes aux oppositions purement politiques. Il y a les conservateurs et les révolutionnaires, comme il y a les spiritualistes et les matérialistes, les hommes de foi et les hommes de la morale indépendante. Mais toutes les luttes et toutes les disputes humaines viennent nécessairement sur le champ de bataille de la politique, où s'agite la question sociale par excellence, la question de gouvernement. Et que voyons-nous? La Révolution réunissant tous ses disciples et s'efforçant de leur imposer la discipline du régime républicain, pendant que les conservateurs se contentent souvent d'énoncer des doctrines religieuses et sociales, sans comprendre qu, sur le terrain des faits et de la vie publique, les doctrines ne peuvent triompher, si elles ne s'incarnent pas dans une formule politique, dans un gouvernement. (*Vive approbation.*)

Telle est la principale cause des épreuves que nous subissons, c'est contre elle que nous devons réagir, par une propagande incessante, par nos paroles et par nos actes, et votre présence dans cette réunion dit assez haut que vous l'avez compris.

Si je n'ai pas caché le mal, j'ai le droit de signaler le travail qui se fait dans les intelligences et qui, sous l'influence des événements semble préparer l'armée conservatrice à retrouver sa force dans l'Union monarchique.

On a coutume de faire grand bruit de nos divisions; je ne les nie pas, mais je les réduis à leur juste valeur. Elles existent dans un certain milieu parlementaire où domine l'esprit de personnalité, elles s'évanouissent à mesure que l'on pénètre davantage dans les rangs du vrai peuple qui aime la clarté et veut des solutions nettes. (*Très bien, très bien.*) Ces divisions ont pu retarder l'heure de la délivrance, elles n'arrêteront pas le mouvement qui commence et qui en effacera les derniers vestiges. Plus dangereuses assurément sont l'indifférence et la mollesse, la timidité des uns et la défaillance des autres. Voilà les ennemis que nous avons à vaincre, et, grâce à Dieu, chaque jour ils perdent du terrain.

Nos luttes politiques aboutissent toutes aujourd'hui à des luttes religieuses, c'est un des signes de notre temps et ce n'est pas le moins caractéristique. Attaqués dans leur foi, dans leurs œuvres, dans leurs institutions, les catholiques donnent énergiquement le signal du réveil et marchent à la tête de l'armée libératrice. Ils possèdent les principes sociaux qui sont le fondement de la grandeur et de la dignité des peuples. Ils sont à la peine, ils seront à l'honneur. (*Vive approbation.*) Sur la voie douloureuse où les conduit la Providence, ils seront appelés, j'en ai la confiance, à proclamer l'union séculaire de la Tradition chrétienne et de la Monarchie nationale. (*Applaudissements.*)

Si nous regardons les partis politiques, nous verrons de grands changements survenus dans la répartition de leurs forces. Je n'insisterai pas sur le coup qui a cruellement frappé le jeune héritier du nom de Bonaparte, tombé sur la terre étrangère avec la vaillance française, et qui a plus cruellement encore frappé un parti contraint d'avouer maintenant les contradictions de son système, obligé d'aller au Césarisme démagogique, d'accepter quelque contrefaçon de République, s'il choisit ce qu'il y a de révolutionnaire dans sa doctrine, ou de revenir à la tradition monarchique, s'il préfère ce qu'il y a de conservateur dans ses instincts. (*Vifs applaudissements*). C'est, n'en doutons pas, cette préférence que marqueront tous ceux qui, dans les rangs de ce parti, cherchaient de bonne foi une garantie d'autorité. Nous avons respecté leur douleur et leur deuil; mais nous pensons honorer la tombe de leur chef, en croyant qu'ils peuvent y trouver un enseignement utile au service de la France. (*Très bien, très bien.*)

Sans m'attarder à des considérations rétrospectives, je dois m'incliner, en passant, devant l'exemple donné par un prince qui, obéissant au sentiment de ce qu'il devait à son pays, de ce qu'il se devait à lui-même, a voulu effacer la trace du prétendant pour ne se souvenir que des devoirs de la famille et de l'ordre fixé par le droit monarchique. (*Applaudissements.*)

Ce sont là des événements où le cours des choses humaines laisse entrevoir l'action de la Providence sur les destinés des nations.

Ayez confiance, messieurs, ayez confiance ! Vos espérances ne seront pas déçues. Mais à une condition, c'est que vous ne ferez pas à Dieu la sommation présomptueuse d'avoir à sauver la France, sans qu'il vous en coûte un sacrifice ou un labeur, c'est que vous serez vigilants, actifs et résolus.

Les illusions conservatrices et les hypocrisies de Révolution disparaissent; des deux côtés, la vérité se dégage et les masques tombent. Les solutions intermédiaires, les expédients s'évanouissent. De plus en plus, la force des choses amène les conservateurs et les révolutionnaires à sortir des équivoques, à opposer franchement l'une à l'autre les deux formes de gouvernement qui résument leurs doctrines, que la logique des principes met seules en présence, et à se ranger enfin dans les deux camps de la Monarchie et de la République; de la Monarchie avec l'unité en haut, la liberté réglée pour base, et, dans le gouvernement, la stabilité qui est la sécurité des intérêts; (*Très bien, très bien!*) de la République avec ses alternatives de licence et d'arbitraire, ses éventualités de dictatures multiples et ses changements incessants.

Mais qu'est-ce donc que la Monarchie, messieurs?

La question n'est pas superflue, puisque nous entendons, à chaque instant, répéter, sur ce sujet, par des imposteurs lettrés et des ignorants qui se croient de beaux esprits, ce qu'il y a de plus vil dans le mensonge et de plus absurde dans la calomnie.

La Monarchie, messieurs, c'est l'hérédité, rien de plus et rien de moins. Quant aux institutions qui l'accompagnent, et qui se modifient suivant l'état social, c'est la loi qui en décide. Par le respect du principe héréditaire, la France s'est formée et a grandi; en le répudiant, elle est tombée dans les aventures. Tel est l'enseignement de l'histoire.

Est-ce l'hérédité qu'on vise par le mot de droit divin? Je n'aurais, en vérité, rien à objecter, car l'homme, en effet, n'est pas encore arrivé, que je sache, à soumettre la règle des naissances aux caprices de sa volonté. (*Rires approbatifs.*)

Vous montrerai-je le rôle social de l'hérédité? Mais une loi impie, qui menace les droits sacrés du père, ne semblet-elle pas rappeler en ce moment à toutes les familles françaises le lien qui existe entre leur héritage moral et le principe de l'hérédité? (*Bruyants applaudissements.*)

On évoque les fantômes de l'absolutisme, des priviléges, de l'omnipotence du clergé, de l'ancien régime, que sais-je encore? Ce serait vous faire injure que de réfuter longuement, en votre présence, toutes ces sottises. Vous savez que, selon la propre expression de Monsieur le Comte de Chambord, la Monarchie française est par essence « une Monarchie tempérée » (*très bien, très bien*), que les priviléges, inhérents à la constitution de notre ancienne société, ne peuvent pas plus reparaître que cette société, descendue dans la tombe, ne peut elle-même en sortir. Parler de l'omnipotence du clergé et de l'ancien régime, c'est déjà se réfuter par l'absurde en associant ainsi deux ordres d'idées, qui historiquement s'excluent; mais, de plus, cette omnipotence chimérique est aussi incompatible avec la prérogative royale que l'ancien régime avec la société nouvelle.

La Monarchie, respectueuse de tous les droits légitimement acquis, de tous les services rendus au pays, est largement ouverte à tous les dévoûments, à toutes les intelligences, et je ne puis m'empêcher de vous citer encore cette belle parole de Monsieur le Comte de Chambord : « Je ne veux pas être le Roi d'un parti; je ne veux pas revenir pour gouverner par un parti. » (*Applaudissements prolongés.*)

On n'ose plus répéter qu'il y a trois prétendants pour un trône ; c'était l'argument favori de M. Thiers. Depuis, les événements ont marché, et, en fait, comme en droit, il n'y a plus trois prétendants, il n'y a qu'un Roi. (*C'est vrai, c'est vrai.*) Mais ce Roi ne veut pas revenir, nous dit-on, et cette affirmation insensée autant qu'odieuse est le dernier effort, de tous le plus déloyal et le plus perfide, de la conjuration du mensonge. (*Mouvement.*)

Le Roi ne veut pas revenir! Ah! Messieurs, nous ne saurions flétrir avec une trop vive indignation les auteurs de cette calomnie. Il faut ne pas connaître la grande âme de Henri de France, il faut ne pas comprendre ce qu'est l'honneur royal pour oser tenir un semblable propos. Mais le Roi a répondu lui-même, et vous avez entendu sa voix faisant retentir ces mots, comme un signe de ralliement : « JE DOIS ET JE VEUX. » (*Vive sensation.*) Sachons, à son exemple, mettre nos volontés au service du devoir, et la victoire n'est pas douteuse : le Roi reviendra. (*Applaudissements répétés.*)

La conclusion de cette trop longue causerie est facile à tirer. Ne vous laissez jamais égarer, Messieurs, par les mille bruits que répandent l'ignorance et la mauvaise foi. Ecartez résolûment toutes les questions qui appartiennent au lendemain de la Restauration, et qui, soulevées perfidement avant l'heure, portent une double atteinte à la dignité du Roi et à la liberté de la France. (*Oui, oui, très bien.*) Ayez les yeux fixés sur l'hérédité monarchique, qui est la loi souveraine de la Royauté, et qui vous apparaît dans la Maison de France, où elle a rétabli l'ordre et l'unité. Tenez-vous prêts à soutenir les luttes prochaines et décisives. Comptez plus encore sur vous-mêmes que sur les fautes de vos adversaires qui, du reste, ne vous feront pas défaut !

Propagez, préparez, organisez ; prenez l'habitude de vous voir, de vous réunir, de vous concerter. L'action politique, sous toutes ses formes légales, sollicite vos efforts et vos plus généreuses ardeurs ; mais n'oubliez pas que toute action efficace doit être réfléchie, calculée et surtout disciplinée. Vous avez à votre tête des hommes qui sauront vous seconder et vous diriger ; apportez-leur l'appui de votre dévouement. et suivez-les avec confiance. (*Applaudissements.*) Je veux, en terminant, les remercier encore une fois de m'avoir fait venir au milieu de vous ; ils savent que je serai toujours heureux et fier de répondre à leur appel et de me retrouver dans vos rangs.

J'ajouterai un dernier mot que j'ai déjà prononcé souvent dans d'autres réunions, et que je ne cesserai de répéter, parce qu'il est le résumé de la pensée qui doit dicter nos résolutions : Rappelez-vous toujours, messieurs, que dire hautement ce que l'on veut, c'est être bien près de pouvoir ce que l'on dit: (*Applaudissements répétés et prolongés.*)

Et maintenant, pour nous unir à tous les Français qui, en ce jour, et sur tous les points du pays, témoignent d'une même foi politique, je vous le demande, messieurs, levez-vous tous, et disons avec eux :

Au Roi !

Toute l'assistance se lève, et, pendant quelques instants, les cris de Vive le Roi retentissent de toutes parts avec un indescriptible enthousiasme.

Pendant le cours de son discours, l'orateur a été interrompu par d'enthousiastes applaudissements. Les plus chaudes adhésions ont été données à ses mâles et énergiques paroles. Les convives étaient sous le coup de la plus vive impression, de la satisfaction la plus évidente.

Le beau discours de M. de Lupé aura, dans toute la France, le plus grand retentissement. Il est destiné à faire justice de tous les sophismes dont nos adversaires usent chaque jour à l'égard de la Royauté.

Tous les royalistes de la Côte-d'Or remercient M. le Rédacteur en chef de l'*Union* de son admirable langage et de l'appui qu'il est venu leur prêter.

A la suite du discours de M. le vicomte de Lupé, salué de nouveaux cris de *vive le Roi!* M. Robert-Perreau a demandé la parole pour lire l'adresse suivante à Monsieur le Comte de Chambord :

Monseigneur,

C'est en unissant aux plus ardentes prières le témoignage de nos espérances et de notre fidélité que nous célébrons le 29 septembre, anniversaire de votre naissance.

Tout hommage respectueusement déposé à vos pieds est l'expression d'une pensée Française et d'une invincible confiance dans l'avenir de notre pays.

Elever nos regards vers le Roi, c'est songer au relèvement de la France ; c'est nous rappeler les devoirs que le patriotisme impose.

La vue des maux qui nous accablent et des dangers qui nous menacent ne fait que fortifier en nous la résolution de combattre pour la défense des croyances chrétiennes et de la tradition monarchique, si glorieusement réunies dans notre histoire, si noblement soutenues par votre Royale parole.

Le Roi nous a dit : Je dois et je veux. Le devoir du Roi nous trace le nôtre et c'est à notre tour de vouloir ce que nous devons.

Servir la grande cause de la Monarchie Française, c'est travailler pour Dieu et pour la Patrie, c'est revendiquer le respect des consciences, c'est lutter pour la dignité de nos foyers et l'honneur de nos enfants.

Unis par un même dévouement à Son Auguste personne, nous osons supplier, Monseigneur, de daigner agréer les hommages et les vœux de ses très humbles et très fidèles sujets.

Dijon, le 29 septembre 1879.

Cette adresse a été accueillie avec la plus grande faveur, et, à l'issue du repas, a été signée par tous les convives avec le plus vif empressement.

L'heure avançait et le moment de la séparation approchait. On s'est quitté aux cris mille fois répétés de : *Vive le Roi*.

Le souvenir de la journée du 29 septembre restera impérissable dans la mémoire de tous ceux qui assistaient à cette belle fête. Les convives se sont retirés largement satisfaits des résultats obtenus.

Le parti royaliste s'est puissamment affirmé dans la Côte-d'Or. Nos adversaires, qui plaisantaient sur notre existence, reçoivent un cruel et sanglant démenti.

Nous avions raison de dire que le réveil commençait.

Il est tout à fait arrivé.

Jules POULAILLER.

www.ingramcontent.com/pod-product-compliance
Lightning Source LLC
Chambersburg PA
CBHW060522050426
42451CB00009B/1112